Las casas de los animales

Madrigueras de conejos

Liz Chung
Traducido por Alberto Jiménez

PowerKiDS
press.

Nueva York

Published in 2016 by The Rosen Publishing Group, Inc.
29 East 21st Street, New York, NY 10010

First Edition

Editor: Sarah Machajewski
Book Design: Mickey Harmon
Spanish Translation: Alberto Jiménez

Photo Credits: Cover, pp. 1 (rabbits) Paul Maguire/Shutterstock.com; cover, pp. 3–4, 6, 8, 10, 12, 14, 16, 18, 20, 22–24 (grass) Juan J. Jimenez/Shutterstock.com; cover, pp. 1, 3–4, 6–10, 12, 14, 16, 18, 20, 22–24 (magnifying glass shape) musicman/Shutterstock.com; p. 5 Patryk Kosmider/Shutterstock.com; p. 7 (rabbit) Leena Robinson/Shutterstock.com; p. 7 (inset) Matthijs Wetterauw/Shutterstock.com; p. 9 (main) Calm Listener/Shutterstock.com; p. 9 (inset white rabbit) Stefan Petru Andronache/Shutterstock.com; p. 9 (inset desert) KKimages/Shutterstock.com; p. 11 Tom Reichner/Shutterstock.com; p. 13 Cyril Ruoso/Minden Pictures/Getty Images; p. 15 Steve Shott/Dorling Kindersley/Getty Images; p. 17 (inset) Emily Veinglory/Shutterstock.com; p. 17 (main) Robert Orcutt/Shutterstock.com; p. 19 © iStockphoto.com/Diane Labombarbe; p. 21 Les Stocker/Oxford Scientific/Getty Images; p. 22 Miroslav Hlavko/Shutterstock.com.

Cataloging-in-Publication Data

Chung, Liz, author.
Madrigueras de conejos / Liz Chung, translated by Alberto Jiménez.
     pages cm. — (Las casas de los animales)
Includes bibliographical references and index.
ISBN 978-1-4994-0567-5 (pbk.)
ISBN 978-1-4994-0566-8 (6 pack)
ISBN 978-1-4994-0565-1 (library binding)
1. Rabbits—Habitations—Juvenile literature. 2. Animal burrowing—Juvenile literature. 3. Animal behavior—Juvenile literature. I. Title. II. Series: Inside animal homes.
QL737.L32C58 2016
599.32—dc23

Manufactured in the United States of America

CPSIA Compliance Information: Batch #WS15PK: For Further Information contact Rosen Publishing, New York, New York at 1-800-237-9932

Contenido

Bajo el suelo

¿Qué te parecería vivir bajo tierra? A las personas nos parece raro, pero a los conejos no. Ellos excavan el suelo para hacer una casa que albergue a la totalidad de su gran familia.

Las casas de los conejos se llaman madrigueras. Nosotros solo podemos ver la entrada, pero el interior de la madriguera nos dice mucho sobre la forma de vida de estos animales. ¡Vamos a comprobarlo!

¿Dónde nos conducirá este agujero hecho por un conejo?

Conejos y liebres

Los conejos son **mamíferos**. Hay 28 especies, o clases, de conejos. Pertenecen a una familia animal que incluye a las liebres. Los conejos y las liebres se parecen mucho, tanto que a veces la gente los confunde. Sin embargo, son animales totalmente distintos.

Hay conejos en todas partes del mundo. Se encuentran en Norteamérica, Sudamérica y Europa, así como en partes de África, India y Asia. Muchas especies son originarias de Europa y con el tiempo llegaron a otras partes del mundo.

Más a fondo

Los conejos tienen las orejas, las patas traseras y las colas más cortas que las liebres. Las liebres no excavan madrigueras como los conejos, sino que viven sobre el suelo.

conejo

liebre

Como los conejos y las liebres se parecen tanto y viven en los mismos lugares, es fácil confundirlos.

¿Dónde viven los conejos?

Los conejos viven en muchos tipos de **entornos**. Algunas especies viven en lugares calientes y secos como los desiertos. Otras viven en bosques tropicales, donde hace mucho calor y humedad. Algunos conejos viven en sitios fríos y nevados, y otros en pantanos. El entorno influye en el aspecto de las madrigueras. Por ejemplo, las del desierto se excavan en la arena y las del bosque en la tierra.

El conejo oriental de cola de algodón vive cerca de la gente y hace sus madrigueras en bosques, prados, campos o en zonas con muchos árboles. Sin embargo, estos conejos no viven en madrigueras. ¡A veces puedes verlos cerca de las casas buscando comida!

El cuerpo de los conejos se **adapta** al entorno. Por ejemplo, el conejo del desierto tiene el pelaje fino, mientras que el conejo de un entorno frío tiene el pelaje grueso.

El cuerpo del conejo

El rasgo más característico de los conejos es sus largas orejas, que les vienen muy bien para oír a los depredadores. Si un conejo oye a un depredador, utiliza sus fuertes patas para escaparse; sus patas traseras son más largas que las delanteras. Otro rasgo notable es su pelaje, normalmente de color marrón, pero en ocasiones es marrón rojizo o color canela. El conejo tiene una nariz de gran capacidad olfativa que a menudo se mueve continuamente para captar olores. Además, tiene los ojos a los lados de la cabeza, lo que le permite ver en todas direcciones, incluyendo hacia delante y hacia atrás.

Más a fondo

El conejo pigmeo es el más pequeño que existe. Mide 7.9 (20 cm) pulgadas de largo y pesa 0.9 libras (0.4 kg). Los conejos más grandes llegan a las 19.7 pulgadas (50 cm) de largo y pesan 4.4 libras (2 kg).

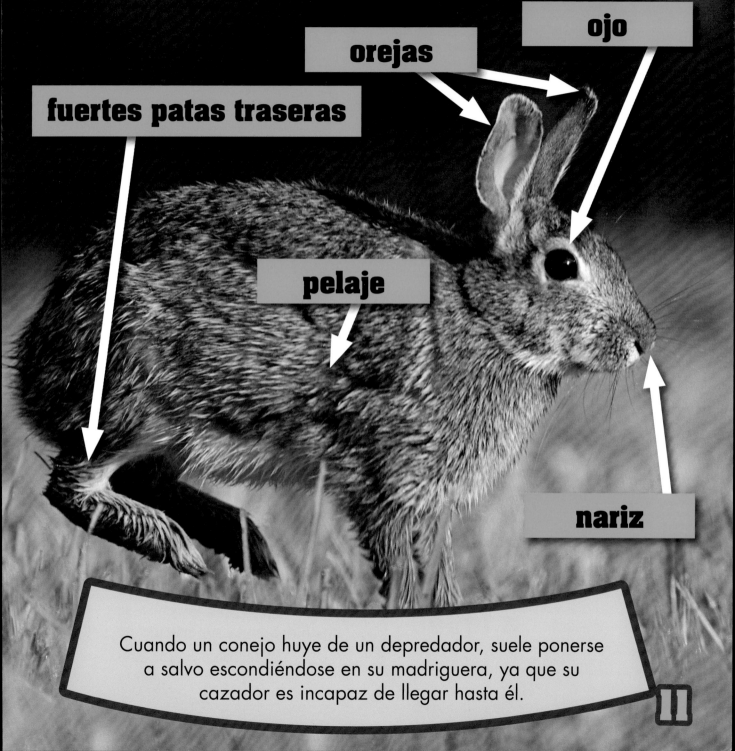

orejas

ojo

fuertes patas traseras

pelaje

nariz

Cuando un conejo huye de un depredador, suele ponerse a salvo escondiéndose en su madriguera, ya que su cazador es incapaz de llegar hasta él.

Excavar

Excavar es algo natural para los conejos. Algunos conejos excavan sus casas —las madrigueras—, bajo el suelo. Los conejos hacen madrigueras en cualquier sitio donde puedan excavar, como tierra o arena.

Los conejos entran y salen de las madrigueras a través de un agujero que han hecho en el suelo. Este agujero conduce a un túnel que los conejos excavan largo y estrecho para que los depredadores no puedan seguirlos. El túnel conduce a un gran recinto llamado cámara, donde los conejos pasan la mayor parte del tiempo.

Más a fondo

No todos los conejos excavan madrigueras. Hay algunos que hacen sus nidos en la superficie del terreno.

Los conejos construyen madrigueras en zonas donde hay bastante alimento y también vegetación, como hierba u hojas, para poder ocultar la entrada.

En familia

Algunas especies de conejos construyen **redes** de madrigueras interconectadas, capaces de albergar a grandes familias; dichas redes se llaman colonias. Algunos conejos pueden vivir solos, pero otros son más sociables.

Una de las especies que forman colonias es la del conejo silvestre europeo. Sus colonias albergan machos adultos, hembras adultas y conejos jóvenes, llamados gazapos. Lo más probable es que la madriguera contenga a todos estos miembros de la familia.

Más a fondo

La red de madrigueras puede alcanzar una profundidad de 9.8 pies (3 m).

Las cámaras de las madrigueras interconectadas sirven para hacer sus nidos y para dormir.

entrada

cámaras

El interior de la madriguera

Los conejos se pasan todo el día en la madriguera porque son animales nocturnos, es decir, que duermen de día y salen de noche. Duermen en una de las cámaras de la madriguera hasta que llega la hora de despertarse para buscar alimento.

Comen hierba, flores, tréboles y cualquier tipo de planta de hoja que crece en el verano. También comen verduras de los huertos si pueden llegar hasta ellos. En invierno, cuando hay menos vegetación, se alimentan de ramitas, cortezas de árboles y cualquier planta que encuentren.

Más a fondo

De día, los conejos que no viven en madrigueras, duermen debajo de grandes ramas colgantes o entre la **maleza**.

Los conejos hacen caca dentro de la madriguera ¡y luego se la comen! Sus excrementos contienen **nutrientes** que su cuerpo no digirió la primera vez.

Comportamiento

Los conejos tienen muchas maneras de protegerse a sí mismos y a su colonia. Sus grandes orejas y su poderosa nariz les permiten percibir el peligro. En tal caso, se comunican con otros conejos golpeando el suelo con una pata. Así les advierten del peligro.

Cuando detectan un depredador, no se mueven para que este no pueda ver sus movimientos, o se esconden hasta que pasa el peligro. Cuando un depredador los persigue, corren muy deprisa cambiando de dirección a menudo, ya que esto **desconcierta** a su perseguidor.

Más a fondo

Los conejos duermen durante el día en su madriguera, ya que así se esconden de los depredadores y estos no pueden comérselos.

Los conejos se pasan toda la noche buscando comida, al igual que muchos de sus depredadores. Si no tienen cuidado, pueden convertirse en su alimento.

Estar a salvo

La casa de los conejos cumple una función muy importante: **proteger** a la colonia. Si no tuvieran un lugar donde resguardarse, sus especies morirían. Como los conejos sirven de alimento a muchos depredadores, su existencia se vería comprometida si no fuera por el hecho de que **procrean** a menudo.

Procrean tres o cuatro veces al año, y en cada ocasión tienen de tres a ocho crías. Las crías se quedan unas tres semanas en la madriguera, donde su mamá las alimenta una vez al día.

Las crías de los conejos nacen ciegas y sin pelo y totalmente indefensas. La madriguera los protege hasta que pueden valerse por sí mismas.

21

Conejos salvajes

Los conejos domésticos son buenas mascotas, pero no son iguales que los conejos salvajes. Actúan de forma distinta, comen cosas diferentes y viven en lugares que también son diferentes. ¡No creas que puedes capturar un conejo salvaje para llevártelo a casa! Con eso solo conseguirías hacerle daño.

La próxima vez que veas uno en el campo, déjalo en paz. Es probable que esté buscando comida. Volverá a su madriguera en cuestión de horas para alimentar a su colonia, que de esta forma conseguirá **sobrevivir**.

Glosario

adaptarse: Cambiar para sobrevivir mejor en un entorno.

desconcertar: Hacer que alguien no entienda o sepa algo.

entorno: Todo lo que rodea a un ser vivo.

maleza: Vegetación espesa formada por arbustos.

mamífero: Animal de sangre caliente con columna vertebral y pelo, que respira aire y alimenta con leche a sus crías.

nutriente: Materia importante en pequeñas cantidades para nutrir a un animal.

procrear: Tener crías.

proteger: Mantener a salvo.

red: Sistema en que todas las partes están conectadas.

sobrevivir: Seguir viviendo.

Índice

Sitios de Internet

Debido a que los enlaces de Internet cambian a menudo, PowerKids Press ha creado una lista de los sitios Internet que tratan sobre el tema de este libro. Este sitio se actualiza con regularidad. Por favor, usa este enlace para ver la lista:
www.powerkidslinks.com/home/rabb